Foreign
641.56
C66
Spanist

MAY 10 2005

T3-BLC-566

COCINA BAJA
EN CALORÍAS

ELISHA D. SMITH PUBLIC LIBRARY
MENASHA WISCONSIN
WITHDRAWN
MENASHA'S PUBLIC LIBRARY

EDIMAT Libros
www.edimat.es

Contenido

Introducción

Nunca antes había sido tan fácil llevar una alimentación baja en calorías y a la vez sana, deliciosa, y visualmente atractiva. Con la extensa gama actual de productos alimenticios disponible, y con un mejor entendimiento del valor calórico de los distintos grupos de alimentos (grasas, carbohidratos, etc.) de la forma que el cuerpo los utiliza, ya no resulta difícil ofrecer comidas sabrosas y verdaderamente interesantes que no engorden.

Este libro ofrece una variada selección de recetas para sopas, entrantes, pescados, mariscos, aves, carnes y platos vegetarianos, además de postres con un número de calorías tan bajo que le sorprenderá.

Pruebe la crema de pimientos asados. Disfrute del salmón hervido con cítricos, la brocheta de cordero con salsa de cebollas rojas, o los fideos de arroz con salsa de chile vegetal. Deléitese con un *gateau* de fresas. Apenas podrá creer que todos estos platos son bajos en calorías.

En cada receta se proporciona la información nutritiva y la cantidad de calorías por ración: en general las sopas y entrantes tienen un promedio de 170 calorías, los platos principales entre 210 y 310, y los postres 200. Disfrute combinando nuestras recetas, como parte de su dieta baja en calorías.

Preparar una dieta baja en calorías

Todos necesitamos las calorías que se obtienen de los alimentos, ya que nos proporcionan la energía necesaria para llevar adelante nuestra vida cotidiana. Sin embargo, algunas personas consumen demasiadas calorías al comer en exceso el tipo equivocado de alimentos, y pueden aumentar de peso.

Las mujeres requieren 1.940 calorías diarias, mientras que los hombres necesitan 2.550. La mayoría de las mujeres pueden perder hasta 2 kg al mes, con una dieta saludable de 1.200-1.500 calorías diarias (1.500-1.750 para los hombres).

Cómo reducir calorías

La tabla de contenido calórico de los alimentos nos permite constatar rápidamente cuáles son los alimentos ricos en calorías y cuáles no; úsela como guía. Se ve claramente que las grasas (como el aceite o la mantequilla) y los alimentos que las contienen son los "malos", y que los alimentos ricos en carbohidratos (como el azúcar) tampoco están libres de culpa. De hecho, las grasas proporcionan unas 9 calorías por g y los carbohidratos, unas 4.

No importa lo cuidadoso que se sea; es muy fácil caer en la trampa de los alimentos pre-cocinados y empaquetados (galletas, pastas y chocolates), los cuales, además de ser ricos en azúcar, pueden contener grandes cantidades de grasas "escondidas", lo que aumenta en gran medida su valor calórico.

Actualmente, estos alimentos vienen con una lista detallada de sus contenidos en sus etiquetas, incluyendo las calorías. Pronto se acostumbrará a leerlas para evitar, o al menos limitar, su consumo.

Arriba: Las legumbres son ingredientes esenciales para comidas sanas y bajas en calorías.

Arriba: Las frutas son deliciosas y sanas.

Actualmente, se recomienda incluir en una dieta equilibrada, una cantidad moderada de carne roja, aves y pescados. Las comidas ricas en almidón (arroz, pasta y pan) deberían constituir el 50% del consumo total de calorías. Deben incluirse al menos cinco porciones de fruta fresca y verduras al día (por ejemplo, una manzana, una porción).

Las carnes rojas (cordero, ternera y cerdo), son las más ricas en grasa, y por lo tanto en calorías, de modo que resulta aconsejable optar más a menudo por el pollo y el pavo. Seleccione cortes magros y quite la piel y grasa visibles antes de cocinarlos. Evite las salchichas, los patés y las empanadas, con excesivas calorías. En general, el pescado (especialmente el blanco) y los mariscos, son más bajos en calorías que la carne y son muy nutritivos.

Las verduras frescas y la fruta, salvo los aguacates, que son ricos en grasas, son naturalmente bajas en calorías. Lo contrario que las nueces y el alcohol, que deben consumirse con moderación.

Técnicas de cocina

Procure cocinar habitualmente sus alimentos a la plancha, a la parrilla, al vapor, al horno o hervidos. Si opta por freírlos, utilice la menor cantidad de aceite posible. En salsas y estofados, cocine primero las cebollas y el ajo en un poco de caldo de carne.

Etiquetas

Lea cuidadosamente las etiquetas a la hora de seleccionar los alimentos. Si un producto resulta bajo en calorías, no debe proporcionar más de 40 calorías por 100 g o 100 ml. Un producto bajo en calorías no debe proveer más del 75% de las calorías que contiene el producto regular.

Contenido calórico

Este cuadro muestra el contenido de energía (medido en calorías) de 25 g de los diferentes alimentos.

Energía

Panes, cereales, galletas y conservas

Pan blanco	59Kcal/251 kj
Pan integral	54 Kcal/228 kj
Arroz, blanco, crudo	90 Kcal/384 kj
Pasta, blanca, cruda	86 Kcal/ 364 kj
Galletas digestivas	118 Kcal/494 kj
Tarta, fruta, simple	89 Kcal/372 kj
Mermelada	65 Kcal/273 kj
Chocolate, simple	127 Kcal/534 kj

Huevos y grasas

Huevo, cocido (medio huevo)	37 Kcal/153 kj
Clara de huevo	9 Kcal/38 kj
Yema de huevo	85 Kcal/351 kj
Aceite de girasol	225 Kcal/924 kj
Aceite de oliva	225 Kcal/924 kj

Aves, carnes y productos cárnicos

Pollo, asado, carne y piel	54 Kcal/226 kj
Pollo, asado, sólo carne	37 Kcal/155 kj
Pavo, asado, carne y piel	43 Kcal/179 kj
Pavo, asado, sólo carne	35 Kcal/148 kj
Beicon, lomo, a la parrilla, sin grasa	53 Kcal/223 kj
Carne de ternera, asada, tapa, magra	39 Kcal/165 kj
Cordero, chuleta, a la parrilla, magra	62 Kcal/260 kj
Cordero, pierna, asada, magra	53 Kcal/220 kj
Cerdo, chuleta, a la parrilla, magra	46 Kcal/193 kj
Paté de hígado	87 Kcal/359 kj
Pastel de cerdo, porción individual	94 Kcal/391 kj

Pescados

Bacalao, crudo	20 Kcal/84 kj
Bacalao, frito, rebozado	61 Kcal/255 kj
Langostinos, cocidos, sin cáscara	25 Kcal/105 kj
Salmón, en lata	38 Kcal/161 kj
Salmón, a la parrilla	54 Kcal/224 kj
Trucha, a la parrilla	34 Kcal/141 kj
Atún, al natural	34 Kcal/141 kj
Atún, en salmuera	25 Kcal/106 kj

Verduras

Brécol, hervido	6 Kcal/25 kj
Coles de Bruselas, hervidas	9 Kcal/37 kj
Coliflor, hervida	7 Kcal/29 kj
Apio, crudo	2 Kcal/8 kj
Calabacín, hervido	5 Kcal/20 kj
Champiñones, crudos	3 Kcal/12 kj
Puerros, hervidos	5 Kcal/22 kj
Guisantes, hervidos	17 Kcal/73 kj
Pimientos, crudos	4 Kcal/16 kj
Patatas, tempranas, hervidas	19 Kcal/78 kj
Patatas, horneadas	39 Kcal/166 kj
Patatas, fritas	59 Kcal/246 kj
Tomates, crudos	4 Kcal/18 kj

Frutas y frutos secos

Manzanas	11 Kcal/45 kj
Aguacates	48 Kcal/196 kj
Plátanos	24 Kcal/101 kj
Frutos secos mixtos	67 Kcal/281 kj
Naranjas	9 Kcal/39 kj
Melocotones	8 Kcal/35 kj
Fresas	7 Kcal/28 kj
Almendras	153 Kcal/633 kj
Anacardos	153 Kcal/633 kj
Coco, deshidratado	151 Kcal/623 kj
Cacahuetes, asados	150 Kcal/623 kj
Semillas de sésamo	148 Kcal/618 kj

Productos lácteos

Nata, para montar	112 Kcal/462 kj
Nata, líquida	49 Kcal/204 kj
Leche, entera	16 Kcal/69 kj
Leche, semidesnatada	11 Kcal/49 kj
Leche, desnatada	8 Kcal/35 kj
Margarina	185 Kcal/760 kj
Mantequilla	184 Kcal/758 kj
Crema para untar baja en calorías (40 %)	98 Kcal/401 kj
Crema para untar muy baja en calorías (25%)	68 Kcal/282 kj
Nata ácida (crème fraîche)	78 Kcal/324 kj
Nata ácida, baja en calorías	42 Kcal/173 kj
Queso fresco	28 Kcal/117 kj
Queso fresco, muy bajo en calorías	15 Kcal/62 kj
Queso, Cheddar	103 Kcal/427 kj
Queso, Cheddar, bajo en grasas	65 Kcal/273 kj
Queso, Edam	83 Kcal/346 kj
Yogur, natural, bajo en grasas	13 Kcal/54 kj
Yogur griego	29 Kcal/119 kj

Ingredientes y sustitutos bajos en calorías

Para ayudarle con su dieta, busque en la variedad de productos regulares bajos en grasas, azúcar o de régimen, disponibles en el mercado.

Productos lácteos

Leche: prefiera la semidesnatada (1, 5-1, 8% de materia grasa) o la desnatada (0, 3% de materia grasa).

Yogur: los yogures naturales semidesnatados (alrededor de 1% de materia grasa) y "de régimen" (0, 3% de materia grasa) son un excelente sustituto de la crema/nata.

Nata ácida *(crème fraîche):* deliciosa con postres y todo un éxito en la cocina, la versión con la mitad de grasa contiene un 15% de materia grasa.

Queso fresco: queso de suave sabor, prácticamente libre de grasas (0,4% materia grasa). Útil para acompañar postres y para el relleno y cubierta de tartas.

Requesón: queso bajo en materia grasa, también disponible en versión baja en grasas.

Quesos duros: se pueden obtener diversos quesos duros en versiones bajas en grasa, como el Cheddar y el Red Leicester (ambos con un 14% de materia grasa).

Cremas para untar

Para extender sobre el pan, utilice mantequilla o crema para untar bajas en grasa. También existen cremas para untar que sólo contienen entre un 20% y un 30% de grasas. Ninguna de estas

Arriba:El yogur desnatado y los quesos son productos de fácil adquisición en el mercado.

cremas para untar bajas en grasas puede utilizarse para hornear.

Edulcorantes

Azúcar y miel: puesto que ambos son ricos en calorías, deben usarse con moderación. El azúcar moreno y la miel tienen más sabor, con lo que normalmente se utiliza menos cantidad.

Edulcorantes artificiales: disponibles en forma líquida, granulada o en tabletas, son una alternativa útil al azúcar para el endulzamiento de recetas y bebidas. La mayoría contiene alrededor de 1/10 de las calorías del azúcar.

Jaleas de frutas y zumos: para endulzar los postres, utilice con moderación jaleas concentradas de frutas sin azúcar y zumos.

Sopa de tomate y flor de albahaca

Una agradable sopa fría, de sabor fresco y con pocas calorías.

4 personas

INGREDIENTES

1 cebolla, picada y 1 diente de ajo, majado
1 cucharada de aceite de oliva
2 ½ tazas de caldo vegetal
900 g/2 lb de tomates, cortados en trozos
    grandes
20 hojas de albahaca (también para adorno)
unas gotas de flor de saúco o vinagre
    balsámico y el zumo de ½ limón
⅔ de taza de yogur natural desnatado
sal y azúcar al gusto
2 cucharadas de yogur desnatado
2 cucharaditas de flor de albahaca (adorno)

1 Fría la cebolla y el ajo en el aceite
(2-3 min) hasta ablandarlos. Añada
1 ¼ tazas de caldo y los tomates. Caliente
hasta punto de ebullición, baje el fuego
y cocine a fuego lento (15 min)

2 Deje enfriar ligeramente y licue en un
minipimer o batidora. Cuele. Añada al
puré de tomate el resto del caldo, la mitad
de las hojas de albahaca, el vinagre, el jugo
del limón y el yogur. Sazone con azúcar
y sal al gusto. Licue hasta que quede terso.
Enfríe.

3 Justo antes de servir, desmenuce las
hojas de albahaca restantes finamente
y añádalas a la sopa. Sirva en escudillas.
Adorne con el yogur cubierto con
algunas flores y hojas de albahaca.

Información nutritiva	
Energía	97 Kcal/403 kj
Grasas, total	3,8 g
Grasas saturadas	0,8 g
Colesterol	1,5 mg

Sopa picante de tomate y lentejas

Esta cálida sopa resulta deliciosa gracias a una pizca de jengibre fresco y comino.

4 personas

INGREDIENTES
1 cucharadita de aceite de girasol
1 cebolla, cortada finamente
1-2 dientes de ajo, majados
un trozo de 2,5 cm/1 in de raíz de jengibre
    fresca, pelada y cortada fina
1 cucharadita de semillas de comino, molidas.
450 g/1 lb de tomates maduros, pelados, sin
    semillas y en trozos.
½ taza de lentejas rojas
5 tazas de caldo vegetal o de pollo
1 cucharada de puré de tomate
sal y pimienta negra recién molida
yogur natural desnatado (adorno)
    y perejil fresco picado (opcional)

1 Caliente el aceite y cocine las cebollas a fuego lento (5 min), hasta ablandar. Añada el ajo, el jengibre, el comino, los tomates y las lentejas. Cocine a fuego lento (3-4 min más).

2 Mezcle con el caldo y el puré de tomate. Caliente hasta hervir y cocine a fuego lento (30 min) hasta que las lentejas estén blandas. Sazone al gusto.

3 Licue la sopa en una batidora. Caliente y sirva con un yogur y perejil (opcional).

Información nutritiva	
Energía	151 Kcal/628 kj
Grasas, total	3,5 g
Grasas saturadas	0,5 g
Colesterol	0 mg

Crema de pimientos asados

Una sopa cremosa pero ligera, nutritiva y colorida.

4 personas

INGREDIENTES

3 pimientos rojos y 1 amarillo grandes,
   cortados por la mitad y sin semillas
1 cucharada de aceite de oliva
1 chalote pequeño, cortado
2 ½ tazas de caldo vegetal
2 dientes de ajo, majados
¼ de taza de tiras de azafrán
⅔ de taza de nata líquida; 2 tazas de agua
sal y pimienta negra recién molida
perejil en rama o perifollo fresco (adorno)
tostada Melba (tostada muy fina y crujiente)

1 Ponga los pimientos a la plancha hasta
que oscurezcan. Introdúzcalos en una
bolsa de plástico, séllela y espere a que se
enfríe. Pele los pimientos y separe una
cuarta parte de los rojos y de los amarillos.
Corte el resto en trozos grandes.

2 Caliente el aceite y saltee el chalote
hasta que esté blando. Añada el caldo, el
ajo, el azafrán y los pimientos cortados.
Caliente hasta punto de ebullición y deje
cocinar a fuego lento (15 min). Enfríe
10 min y licúe en la batidora hasta que
tenga una contextura suave.

3 Ponga la sopa en una cacerola. Mezcle
el agua y la crema y añada la sopa junto a
la sazón. Recaliente suavemente. Sirva la
sopa en escudillas y adorne con tiras finas
de los pimientos apartados y las ramitas
de hierbas. Sirva con la tostada Melba.

Información nutritiva	
Energía	153 Kcal/636 kj
Grasas, total	10,5 g
Grasas saturadas	4,9 g
Colesterol	20,6 mg

Sopa de la granja

Los tubérculos son la base de esta sopa con tropezones, al estilo *minestrone*.

4 personas

INGREDIENTES

1 cucharada de aceite de oliva
1 cebolla, cortada en trozos grandes
2 zanahorias, cortadas en trozos grandes
150-175 g/5-6 oz de nabos, cortados en trozos
150 g/5 oz de nabos, en trozos
400 g/14 oz de tomates en lata, en trozos
1 cucharada de puré de tomate
1 cucharadita de hierbas mixtas secas
1 cucharadita de orégano seco
½ taza de pimientos secos, lavados
   y cortados en tiras finas (opcional)
6 ¼ tazas de caldo vegetal o agua
½ taza de macarrones pequeños secos
200 g/7 oz de alubias rojas, lavadas y
   escurridas
2 cucharadas de hojas de perejil, picado
sal y pimienta negra recién molida
para servir, queso Parmesano rallado
   (opcional)

1 Caliente el aceite y cocine la cebolla (5 min) hasta ablandar. Añada los otros 8 ingredientes. Sazone al gusto. Añada el caldo o el agua y caliente hasta hervir. Tape y cocine a fuego lento (30 min) removiendo de vez en vez.

2 Añada la pasta y caliente hasta punto de ebullición, removiendo. Cocine a fuego lento, sin tapar, hasta que la pasta esté *al dente*.

3 Añada las alubias. Caliente bien (2-3 min), retire y añada el perejil. Puede servirse con queso rallado aparte.

Información nutritiva	
Energía	182 Kcal/756 kj
Grasas, total	3,8 g
Grasas saturadas	0,5 g
Colesterol	0 mg

Terrina de pollo y champiñones

Cómo una terrina puede hacernos la boca agua sin estar cargada de calorías.

4 personas

INGREDIENTES

2 chalotes, cortados
2 tazas de champiñones picados
3 cucharadas de caldo de pollo
2 pechugas de pollo sin piel, cortadas
1 clara de huevo
2 cucharadas de pan integral rallado
2 cucharadas de perejil fresco picado
2 cucharadas de salvia
sal y pimienta negra recién molida

1 Precaliente el horno a 180 °C/350 °F.
Ponga los chalotes, los champiñones y el
caldo en una cazuela y cocine
lentamente, removiendo de vez en
cuando, hasta que las verduras se ablanden
y el caldo se haya evaporado.

2 Ponga en la batidora las pechugas
de pollo cortadas, la clara de huevo,
el pan rallado y los condimentos.
Bata ligeramente. Añada las hierbas.
Colóquelo en un molde engrasado
uniformemente de 3 ½ tazas.

3 Cubra la fuente con papel de plata y
hornee (35-40 min), hasta que los jugos
ya no estén de color rosa. Ponga algo
de peso encima, deje enfriar, refrigere.
Sirva la terrina cortada en rodajas.

Información nutritiva	
Energía	140 Kcal/582 kj
Grasas, total	2,9 g
Grasas saturadas	0,7 g
Colesterol	61,0 mg

Guacamole con crudités

Este picante *dip* está hecho con guisantes, en lugar de los tradicionales aguacates.

4-6 personas

INGREDIENTES

3 tazas de guisantes congelados,
  previamente descongelados
1 diente de ajo, majado
2 cebolletas, cortadas
1 cucharadita de corteza de lima, con su jugo
½ cucharadita de comino molido
una pizca de salsa Tabasco
1 cucharada de mayonesa baja en calorías
2 cucharadas de cilantro fresco picado
1 manzana, sin corazón y en rodajas
1 pera, pelada, sin corazón y en rodajas
1 cucharada de zumo de limón o lima
6 zanahorias *baby*
2 tallos de apio, cortados longitudinalmente
  por la mitad y luego en palitos
6 mazorcas *baby* de maíz tierno
sal y pimienta negra recién molida
una pizca de pimentón dulce y rodajas
  de lima, para adornar

1 Ponga los primeros 7 ingredientes y los condimentos en la batidora o el minipimer hasta que quede una mezcla tersa.

2 Añada el cilantro y licue. Ponga en un recipiente, cubra con film transparente de plástico y refrigere (30 min), para permitir que los sabores vayan surgiendo.

3 Sumerja las rodajas de manzana y pera en el zumo de lima o limón. Disponga las zanahorias, el apio y las mazorcas de maíz sobre una bandeja. Rocíe el guacamole con pimentón dulce, adorne con la lima y sirva con los crudités.

Información nutritiva	
Energía	110 Kcal/460 kj
Grasas, total	2,29 g
Grasas saturadas	0,49 g
Colesterol	30,0 mg

Verduras a la provenzal

Los sabores del Mediterráneo se recrean en este delicioso plato de verduras, ideal para un entrante bajo en calorías.

6 personas

INGREDIENTES

1 cebolla, en rodajas
2 puerros, en rodajas
2 dientes de ajo, majados
1 pimiento rojo, sin semillas y en rodajas
1 pimiento verde, sin semillas y en rodajas
1 pimiento amarillo, sin semillas y en rodajas
2 ½ tazas de calabacines, en rodajas
3 tazas de champiñones, en rodajas
400 g/14 oz de tomate de lata, en trozos
2 cucharadas de oporto rubí
2 cucharadas de puré de tomate
1 cucharada de ketchup
400 g/14 oz de garbanzos
1 taza de aceitunas negras deshuesadas
3 cucharadas de hierbas secas mixtas, picadas,
    y una cantidad extra para el adorno
sal y pimienta negra recién molida

2 Escurra los garbanzos, enjuague en agua fría, escurra nuevamente, añada a la cacerola. Remueva bien.

3 Cubra, caliente hasta punto de ebullición y cocine a fuego lento (20-30 min), hasta que las verduras estén tiernas pero no pasadas. Remueva.

Información nutritiva	
Energía	155 Kcal/654 kj
Grasas, total	4,56 g
Grasas saturadas	0,67 g
Colesterol	0 mg

1 Ponga la cebolla, los puerros, el ajo, los pimientos, los calabacines y los champiñones en una cacerola grande. Añada los tomates, el oporto, el puré de tomate y el ketchup. Mezcle bien.

4 Si desea espesar la salsa, quite la tapa y suba ligeramente el fuego los últimos 10 min del tiempo de cocción.

5 Mezcle las aceitunas, las hierbas picadas y sal y pimienta al gusto. Sirva frío o caliente, adornado con las hierbas secas picadas.

Kebabs de rape con limón y tomillo

Estos sabores delicados y frescos son el complemento perfecto para el rape.

4 personas

INGREDIENTES

675 g/1 ½ lb de filete de rape
aceite de oliva (1 cucharada); 1 diente de ajo,
    majado
ralladura de corteza de 1 limón y su jugo
2 cucharadas de tomillo fresco picado
8 cuñas de limón
sal y pimienta negra recién molida
ensalada verde y pan de barra, para servir

1 Corte el pescado en trozos iguales y
colóquelos en un recipiente. Añada el
aceite, el ajo, la corteza y el zumo del
limón, el tomillo y el aderezo. Mezcle
bien y cubra el pescado uniformemente.

2 Precaliente la plancha o prepare la
parrilla. Ensarte los pedazos en cuatro
brochetas de metal y asegúrelas con
una cuña de limón a cada extremo.

3 Cocine los *kebabs* a la plancha o en la
barbacoa durante 7-8 min o hasta que
estén cocinados en su punto. Voltee una
sola vez. Sirva con la ensalada y el pan.

Información nutritiva	
Energía	136 Kcal/565 kj
Grasas, total	3,4 g
Grasas saturadas	0,5 g
Colesterol	23,6 mg

Estofado de pescado italiano

Un sabroso plato principal sorprendentemente bajo en calorías.

4 personas

INGREDIENTES

2 cucharadas de aceite de oliva
1 cebolla roja mediana, fina picada
1 diente de ajo, majado
1 bulbo pequeño de hinojo, en rodajas
400 g/14 oz de tomates de lata, picados
2 cucharaditas de semillas de hinojo
½ taza de caldo de pescado
450 g/1 lb de bacalao o merluza, cortado
   en trozos grandes
4 cucharadas de albahaca fresca picada
4 rodajas de limón
sal y pimienta negra recién molida

1 Caliente el aceite de oliva en una sartén grande y fría la cebolla, el ajo y el hinojo en rodajas hasta que estén blandos, pero no dorados.

2 Añada los tomates, el hinojo y el caldo de pescado y caliéntelos hasta punto de ebullición. Añada el pescado, la albahaca, las rodajas de limón, sal y pimienta.

3 Tape y cocine a fuego muy lento (6-8 min), hasta que el pescado esté en su punto. Sirva caliente.

VARIACIÓN: Casi cualquier tipo de pescado blanco puede utilizarse en lugar del bacalao o la merluza.

Información nutritiva	
Energía	127 Kcal/528 kj
Grasas, total	2,6 g
Grasas saturadas	0,4 g
Colesterol	43,8 mg

Róbalo entero en *papillote*

El pescado cocinado entero y envuelto en papel, retiene todo su sabor y evita que se seque.

4 personas

INGREDIENTES
1,5 kg/3-3½ lb de róbalo de mar fresco,
   limpio, descamado,
   y sin cabeza
5 ramitas de menta fresca
½ limón, en rodajas
2 chalotes, en finas rodajas
2 tomates frescos, en rodajas
1 cucharada de aceite de oliva
sal y pimienta negra recién
   molida
brécol al vapor, para servir

2 Salpimente el pescado por dentro y por fuera.

3 Meta las ramas de menta, el limón, los chalotes y las rodajas de tomate dentro del pescado y rocíe el aceite de oliva por fuera.

1 Precaliente el horno a 180 °C/350 °F. Lave y seque el róbalo y póngalo en un trozo doble de papel antiadherente para hornear, que sea lo suficientemente grande como para envolver cómodamente el pescado sin ajustarlo en exceso.

4 Doble el papel cubriendo el pescado y doble dos veces los tres extremos abiertos para que quede bien cerrado. Ponga el pescado sobre una bandeja y hornee (40-50 min) hasta que esté bien cocinado.

5 Abra el paquete con las tijeras
y sirva inmediatamente, acompañado
del brécol.

Información nutritiva	
Energía	301 Kcal/1.252 kj
Grasas, total	15,3 g
Grasas saturadas	7,63 g
Colesterol	163 mg

CONSEJOS: El róbalo tiene una
delicada carne rosa y un olor dulce
y suave. El pescado grande es ideal
para rellenar, como en este caso, y los
pequeños pueden hacerse a la plancha
o a la parrilla.

Brochetas de rape y vieiras

El limón le da un toque cítrico sutil a la comida de mar.

4 personas

INGREDIENTES
8 tallos de hierba de limón
2 cucharadas de zumo de limón
1 cucharada de aceite de oliva
1 cucharada de cilantro fresco picado fino
½ cucharadita de sal
una pizca grande de pimienta negra molida
16 trozos de filete de rape (450 g/1 lb)
12 vieiras, cortadas transversalmente en dos
hojas de cilantro fresco, para el adorno
arroz para servir

1 Quite las hojas externas de la hierba
de limón y deje sólo los tallos firmes
y delgados. Corte finamente las hojas
tiernas y póngalas en una escudilla. Añada
y remueva el zumo de limón, el aceite, el
cilantro picado, la sal y la pimienta.

2 Ensarte los trozos de pescado y las
mitades de las vieiras en los 8 tallos de
hierba de limón. Coloque las brochetas
de pescado y marisco en un plato llano
y vierta encima la mezcla de limón.

3 Cubra y deje marinar (1 h), volteando
ocasionalmente. Pase las brochetas a un
recipiente refractario o una vaporera de
bambú. Cúbralas y póngalas sobre agua
hirviendo hasta que estén cocinadas.
Adorne con el cilantro y sirva con arroz
y el jugo de la cocción por encima.

Información nutritiva	
Energía	158 Kcal/657 kj
Grasas, total	3,9 g
Grasas saturadas	0,7 g
Colesterol	39,2 mg

Filetes de pescado caribeños

4 personas

INGREDIENTES
1 cucharada de aceite de oliva
6 chalotes, picados finamente
1 diente de ajo, majado
1 chile verde fresco, sin semillas
    y finamente picado
400 g/14 oz de tomate de lata en trozos
2 hojas de laurel
½ cucharadita de pimienta de cayena
1 cucharadita de malagueta majada
jugo de 2 limas
4 filetes de bacalao
1 cucharadita de azúcar moreno
2 cucharaditas de amargo de angostura
sal
ocra o judías verdes al vapor, para servir

1 Caliente el aceite en una sartén.
Añada los chalotes y cocine (5 min) hasta
que se ablanden.

2 Añada el ajo y el chile y cocine
(2 min); mezcle los tomates, el laurel, la
pimienta, la malagueta y el jugo de lima,
con un poco de sal para darle sabor.

3 Cocine a fuego lento (15 min).
Añada los filetes de bacalao y unte con la
salsa de tomate. Tape y cocine (10 min)
o hasta que los filetes estén en su punto.
Aparte del fuego y mantenga caliente.

4 Mezcle el azúcar y el amargo de
angostura con la salsa, cocine en su jugo
(2 min) y vierta sobre el pescado. Sirva
con ocra o judías verdes al vapor.

Información nutritiva	
Energía	190 Kcal/790 kj
Grasas, total	4 g
Grasas saturadas	0,6 g
Colesterol	58,5 mg

Bacalao con tomate y pimiento

Este apetitoso pescado al horno cubierto con patatas es un plato sustancioso, sabroso y, sin embargo, relativamente bajo en calorías. Puede acompañarlo con una ensalada o verduras ligeramente cocinadas como complemento.

4 personas

INGREDIENTES
450 g/1 lb de patatas, en finas rodajas
1 cucharada de aceite de oliva
1 cebolla roja, en trozos
1 diente de ajo, majado
1 pimiento rojo, sin semillas y cortado en dados
1 pimiento amarillo, sin semillas y cortado en dados
3 tazas de champiñones, en rodajas
400 g/14 oz y 225 g/8 oz de tomate en lata cortado
5 cucharadas de caldo vegetal o de pescado
5 cucharadas de vino blanco seco
450 g/1 lb de filete de bacalao sin piel, cortado en dados de 2 cm/³⁄₄ in
½ taza de aceitunas negras deshuesadas, picadas
1 cucharada de albahaca fresca picada
1 cucharada de orégano fresco
sal y pimienta negra recién molida
ramas de orégano fresco, para adornar
calabacines al vapor, para servir

1 Precaliente el horno a 200 °C/400 °F. Cueza las patatas (4 min) en una cacerola de agua hirviendo ligeramente salada. Escurra muy bien. Ponga aparte.

2 Caliente el aceite restante en una cacerola. Agregue la cebolla, el ajo y los pimientos rojos y amarillos y cocine (5 min), removiendo ocasionalmente.

3 Mezcle los champiñones, los tomates cortados, el caldo y el vino. Déjelo hervir durante algunos minutos hasta que la salsa se haya reducido un poco.

4 Añada los dados de pescado y las aceitunas picadas, la albahaca y el orégano a la mezcla de tomate. Condimente al gusto con la sal y la pimienta negra molida.

5 Colóquelos en un recipiente para hornear ligeramente engrasado y ponga las rodajas de patata encima, cubriendo el guiso de pescado completamente.

6 Hornee, sin tapar (unos 45 min) hasta que el pescado esté cocido y tierno y la cubierta de las patatas esté ligeramente dorada. Adorne con ramas de orégano fresco y sirva con calabacines al vapor.

Información nutritiva	
Energía	280 Kcal/1.165 kj
Grasas, total	5,9 g
Grasas saturadas	0,8 g
Colesterol	51,8 mg

Salmón hervido con frutos cítricos

Un elegante y sencillo plato, con sabores deliciosamente contrastantes.

4 personas

INGREDIENTES
2 chalotes, picados finos
1 ½ tazas de caldo de pescado
4 rodajas de salmón, de unos 150 g/5 oz
1 lima; 1 naranja mediana
1 pomelo pequeño
sal y pimienta negra recién molida
patatas tempranas al vapor, para servir
   (opcional)

1 Ponga los chalotes picados en una cazuela ancha, con el caldo de pescado. Déjelo cocer a fuego lento (6-8 min) hasta que el caldo se haya reducido a la mitad y los chalotes estén transparentes.

2 Ponga las rodajas en una sola capa sobre los chalotes, tape y cocine en su jugo (5 min) hasta cocinar el pescado.

3 Saque varias tiras de las cáscaras de los cítricos y sepárelas. Pele y corte las frutas en trozos y guarde los jugos. Añada a la cacerola, caliente y condimente. Adorne con las tiras de corteza y sirva con las patatas.

Información nutritiva	
Energía	291 Kcal/1.210 kj
Grasas, total	16,2 g
Grasas saturadas	3,2 g
Colesterol	73,5 mg

Langostinos picantes con pasta

6 personas

INGREDIENTES
225 g/8 oz de langostinos tigre cocidos y
    pelados
150 g/5 oz de pavo ahumado en lonchas
1 chalote o una cebolla pequeña, picada fina
4 cucharadas de vino blanco
3 tazas de pasta *campanelle*
4 cucharadas de caldo de pescado
4 tomates maduros, limpios y picados
2 cucharadas de perejil fresco picado
sal y pimienta negra recién molida

PARA EL ESCABECHE
1-2 dientes de ajo, majados
1 cucharada de jugo de limón y su ralladura
½ cucharadita de pasta de chile rojo, o una
    pizca grande de chile seco molido
1 cucharada de salsa de soja ligera

1 Marinee los langostinos con los
ingredientes y condimentos del escabeche
al menos 60 min.

2 Ponga las lonchas de pavo a la parrilla,
y córtelas en dados de unos 5 mm/¼ in.

3 Ponga el chalote o la cebolla picados,
junto con el vino blanco en una cazuela.
Caliente hasta punto de ebullición, tape
y cocine (2-3 min) o hasta que el vino
se haya reducido a la mitad. Cocine los
campanelle en agua hirviendo con sal,
hasta que estén *al dente*. Escurra.

4 Ponga los langostinos y la marinada
en una cazuela grande, caliente hasta que
hierva y añada el pavo y el caldo. Pasado
1 min, añada a la pasta con los tomates
y el perejil. Mezcle y sirva.

Información nutritiva	
Energía	203 Kcal/844 kj
Grasas, total	1,3 g
Grasas saturadas	0,3 g
Colesterol	87 mg

Pollo al horno con judías con vaina y ajo

Se cocina el pollo entero lentamente sobre una capa de verduras al ajo.

6 personas

INGREDIENTES

2 puerros, en rodajas gruesas
1 bulbo de hinojo pequeño,
    picado en trozos grandes
4 dientes de ajo, pelados
2 latas de 400 g/14 oz de judías con vaina,
    escurridas y enjuagadas
2 puñados grandes de perejil fresco, picado
1 ½ tazas de vino blanco seco
½ tazas de caldo vegetal
1,5 kg/3-3½ lb de pollo
verduras verdes cocidas, para servir

1 Precaliente el horno a 180 °C/350 °F.
Mezcle en una escudilla los puerros, el
hinojo, los dientes de ajo completos, las
judías y el perejil picado.

2 Extienda la mezcla en una cazuela
refractaria de fondo grueso, lo
suficientemente grande como para que
quepa el pollo. Vierta el vino y el caldo.

3 Ponga el pollo encima. Caliente hasta
punto de ebullición, tape la cazuela y
póngala en el horno. Hornee durante
1-1 ½ h hasta que el pollo esté tan tierno
que se desprenda del hueso. Adorne con
las ramitas de perejil y sirva con verduras
verdes ligeramente cocinadas.

Información nutritiva	
Energía	304 Kcal/1.288 kj
Grasas, total	3,4 g
Grasas saturadas	0,8 g
Colesterol	114 mg

Pollo hervido con mayonesa de mostaza

Esta forma de cocinar el pollo lo hace sabroso y suculento.

4 personas

INGREDIENTES

1 puerro, picado en trozos grandes
1 zanahoria grande, picada en trozos grandes
1 tallo de apio, picado en trozos grandes
1 cebolla mediana, picada en trozos grandes
1,5 kg/3-3 ½ lb de pollo
1 cucharada de perejil, en trozos grandes
2 cucharaditas de tomillo fresco, picado en trozos grandes
6 granos de pimienta verde fresca
4 cucharadas de mayonesa de mostaza (hecha con mayonesa baja en calorías y mostaza de Dijon al gusto), ensalada verde y zanahorias *baby* ligeramente cocidas para servir.

1 Ponga el puerro, la zanahoria, el apio y la cebolla en una cazuela grande.

2 Coloque el pollo encima, cúbralo con agua y caliente hasta punto de ebullición. Retire cualquier espuma de la superficie. Añada las hierbas y los granos de pimienta. Deje cocer a fuego lento durante 1 h. Aparte del fuego y deje enfriar el caldo.

3 Pase el pollo a una tabla de madera o plato. Trínchelo y quite la piel. Ponga las rodajas en una fuente. Sirva con mayonesa de mostaza, ensalada verde y zanahorias *baby* ligeramente cocidas.

Información nutritiva	
Energía	153 Kcal/636 kj
Grasas, total	5 g
Grasas saturadas	1,4 g
Colesterol	85 mg

Pollo con verduras mixtas

Un salteado con sabor oriental y poco aceite, ideal para un plato principal, bajo en calorías.

4 personas

INGREDIENTES
350 g/12 oz de filetes de pechuga
    de pollo sin piel
4 cucharaditas de aceite vegetal
1 ½ tazas de caldo de pollo
½ taza de setas de paja en lata, escurridas
½ taza de brotes de bambú en lata,
    en rodajas y escurridos
⅓ de taza de castañas de agua en lata,
    escurridas y en rodajas
1 zanahoria pequeña, en rodajas
½ taza de guisantes *mangetouts*
1 cucharada de jerez seco
1 cucharada de salsa de ostras
1 cucharadita de azúcar extrafino
1 cucharadita de harina de maíz
1 cucharada de agua fría
sal y pimienta negra recién molida

1 Ponga el pollo en una escudilla plana. Añada 1 cucharada de aceite, ¼ cucharadita de sal y una pizca de pimienta. Cubra y deje aparte 10 min en un sitio fresco.

Información nutritiva	
Energía	148 Kcal/615 kj
Grasas, total	5,6 g
Grasas saturadas	1 g
Colesterol	61 mg

2 Ponga el caldo a hervir en una cacerola. Añada el pollo y cocine 12 min o hasta que esté tierno. Escurra y corte en rodajas gruesas. Reserve 5 cucharaditas del caldo.

3 Caliente el aceite restante en una sartén antiadherente o un *wok*, añada todas las verduras y saltee durante unos 2 min. Agregue el jerez, la salsa de ostras, el azúcar extrafino y el caldo apartado previamente. Añada el pollo a la sartén y cocine durante 2 min más.

4 Mezcle la harina de maíz con el agua para formar una pasta. Añada la mezcla a la sartén y cocine, removiendo, hasta que la salsa se espese ligeramente. Condimente al gusto con sal y pimienta, y sirva.

VARIACIÓN: Si lo desea, use calabacines, brécol y brotes de soja.

Picadillo de pavo

El uso de carne de pavo picada en lugar de carne de ternera reduce considerablemente las calorías de este plato de estilo mejicano.

4 personas

INGREDIENTES
1 cucharada de aceite de girasol
1 cebolla, picada
250 g/9 oz de carne de pavo picada
1-2 dientes de ajo, majados
1 chile verde fresco, sin semillas
    y picado fino
6 tomates, pelados y cortados en trozos
1 cucharada de puré de tomate
½ cucharadita de comino molido
1 pimiento amarillo o naranja, sin semillas
    y cortado en trozos
⅙ de taza de ciruelas
¼ de taza de escamas de almendras,
    tostadas (opcional)
3 cucharadas de cilantro fresco picado
⅔ de taza de yogur natural bajo en calorías
2-3 cebolletas, cortadas finas
4 tortillas pequeñas y suaves
sal y pimienta negra recién molida
lechuga en tiras, para servir

1 Caliente el aceite en una sartén grande y añada la cebolla. Cocine a fuego lento 5 min hasta que se ablande. Agregue la carne de pavo picada y el ajo. Cocine a fuego lento durante 5 min más.

VARIACIÓN: También se pueden utilizar el picadillo de pavo y la guarnición con patatas estofadas adornadas; ajuste su cuenta en calorías.

2 Agregue y remueva el chile verde, los tomates cortados, el puré de tomate, el comino, el pimiento y las ciruelas. Cubra y cocine a fuego lento durante 15 min, removiendo ocasionalmente. Si fuese necesario, añada un poco de agua.

3 Si las usa, agregue las almendras tostadas con dos tercios del cilantro. Añada sal y pimienta al gusto.

4 Vierta el yogur desnatado en una escudilla. Agregue y mezcle el cilantro restante, así como las cebolletas picadas. Caliente las tortillas en una sartén seca, sin aceite, durante unos 15-20 s.

5 Ponga algunas tiras de lechuga y la mezcla del pavo en cada tortilla, enrolle como si fuese una crêpe y pase a un plato. Cubra con una cucharada generosa de la mezcla de yogur y cilantro y sirva inmediatamente.

Información nutritiva	
Energía	295 Kcal/1.225 kj
Grasas, total	8,6 g
Grasas saturadas	0,9 g
Colesterol	45,3 mg

Cerdo chino

Vale la pena dejar marinar este filete de cerdo durante bastante tiempo antes de asarlo, para obtener un resultado verdaderamente apetitoso. Unas verduras al vapor complementan la riqueza del cerdo a la perfección.

6 personas

INGREDIENTES
900 g/2 lb de filete de cerdo, cortado
1 cucharada de miel clara
3 cucharadas de vino de arroz
    o jerez medio-seco
bucles de cebolleta, para el adorno

PARA LA MARINADA
⅔ de taza de salsa de soja
    oscura
6 cucharadas de vino de arroz
    o jerez medio-seco
1 cucharada de azúcar moreno ligero
1 trozo de raíz fresca de jengibre de 1 cm/
    ½ in pelada y cortada en rodajas
2 ½ cucharadas de cebolla picada

1 Para hacer la marinada, ponga todos los ingredientes en una cazuela y remueva a fuego medio hasta que la mezcla entre en ebullición. Baje el fuego y deje cocer suavemente durante 15 min, removiendo de vez en cuando. Deje enfriar.

Información nutritiva	
Energía	206 Kcal/856 kj
Grasas, total	6 g
Grasas saturadas	2,1 g
Colesterol	94,5 mg

2 Ponga el filete de cerdo en un plato llano, lo suficientemente grande para extenderlo en una sola capa. Vierta 1 taza de la marinada, cubra y refrigere durante al menos 8 h, volteando la carne varias veces.

3 Precaliente el horno a 200 °C/400 °F. Escurra el cerdo, guarde la marinada que quede en el plato. Ponga la carne sobre una rejilla encima de una bandeja para hornear y vierta agua en la bandeja hasta alcanzar 1 cm/½ in de profundidad. Ponga la bandeja en el horno y ase durante 20 min.

4 Agregue y mezcle la miel y el vino de arroz o el jerez en la marinada. Saque la carne del horno y póngala en la marinada. Voltéela para cubrirla bien con la marinada.

5 Ponga la carne de nuevo en el horno sobre la rejilla y ásela (20-30 min). Sirva caliente o frío en rodajas con la cebolleta.

CONSEJOS: Para hacer los bucles de cebolleta, recorte los tallos hasta dejarlos de unos 7,5 cm/3 in de largo. Córtelos a lo largo, dejando el extremo de la raíz intacto. Póngalos en agua helada y refrigérelos hasta rizar.

Brochetas de cordero con salsa de cebollas rojas

Un plato bajo en calorías lleno de sensaciones gustativas, tanto por la marinada picante como por las verduras frescas y las hierbas de la salsa.

2 personas

INGREDIENTES
225 g/8 oz de cordero magro, cortado en
   dados
½ cucharadita de comino y 1 cucharadita de
   pimentón dulce molidos
1 cucharada de aceite de oliva
sal y pimienta negra recién molida

PARA LA SALSA
1 cebolla roja en rodajas muy finas
1 tomate grande, limpio y cortado en trozos
1 cucharada de vinagre de vino tinto
3-4 hojas de albahaca o menta fresca (adorno)

1 Ponga el cordero en una fuente con el comino, el pimentón dulce, el aceite y abundante sal y pimienta. Mezcle bien hasta cubrir el cordero con todas las especias.

2 Cubra la fuente con un film transparente y déjela en un sitio fresco durante varias horas para que el cordero absorba los sabores picantes.

VARIACIÓN: Como una alternativa a la salsa con cebollas rojas, agite menta fresca picada o albahaca y un poco de zumo de limón en un pequeño bote de yogur griego. Ajuste su cuenta de calorías en consecuencia.

3 Ensarte los dados de cordero en cuatro brochetas pequeñas. Si usa brochetas de madera, remójelas primero en agua fría durante al menos 30 min, para evitar que se quemen en la parrilla.

4 Para hacer la salsa, ponga la cebolla, el tomate, el vinagre y las hojas de albahaca o menta en una escudilla pequeña y mezcle muy bien, hasta que todo esté unido. Condimente al gusto con sal, adorne con la menta, y déjelo aparte mientras cocina el cordero.

5 Cocine el cordero sobre carbón ardiendo o en una parrilla precalentada (5-10 min), volteando las brochetas con frecuencia, hasta que el cordero esté dorado pero aún ligeramente rosado en el centro. Sirva caliente, con la salsa.

Información nutritiva	
Energía	132 Kcal/549 kj
Grasas, total	7,6 g
Grasas saturadas	2,5 g
Colesterol	41,6 mg

Tiras de carne con naranja y jengibre

Este delicioso plato se prepara salteando la carne, una de las mejores técnicas de la cocina baja en calorías.

4 personas

INGREDIENTES
450 g/1 lb de filetes o solomillos de ternera, cortados en tiras delgadas
el jugo de una naranja, su corteza rallada
1 cucharada de salsa ligera de soja
1 cucharadita de harina de maíz
un trozo de raíz fresca de jengibre de 2,5 cm/ 1 in, pelada y picada fina
2 cucharaditas de aceite de sésamo
1 zanahoria grande, cortada en tiras delgadas
2 cebolletas, en rodajas finas
fideos de arroz cocidos, para servir

3 Caliente el aceite en un *wok* o una sartén grande y añada la carne. Saltee durante 1 min hasta que esté ligeramente dorada y añada la zanahoria. Saltee durante 2-3 min más.

1 Coloque las tiras de carne en una fuente y rocíe el zumo y la corteza de la naranja. Si es posible, deje marinar durante al menos 30 min.

2 Escurra el líquido de la carne y déjelo aparte. Mezcle la marinada con la salsa de soja, la harina de maíz y el jengibre.

4 Agregue y mezcle las cebolletas y el líquido antes preparado. Cocine, mientras remueve, hasta que hierva y la salsa se espese. Sirva caliente con fideos de arroz.

VARIACIÓN: En lugar de carne de ternera, puede usar filetes de cerdo, ajustando la cantidad de calorías.

Información nutritiva	
Energía	175 Kcal/730 kj
Grasas, total	6,81 g
Grasas saturadas	2,31 g
Colesterol	66,37 mg

CONSEJOS: Es importante que escoja un corte de carne magro y tierno para los salteados, ya que se cocina en menos tiempo.

Frijoles negros de Jamaica

La melaza confiere un sabor rico y meloso a la salsa picante, a la que incorporamos una impresionante mezcla de frijoles negros, vibrantes pimientos amarillos y rojos, y calabacitas *butternut* o coreanas, de color naranja.

4 personas

INGREDIENTES

1 ½ tazas de frijoles negros secos
1 hoja de laurel
1 cucharada de aceite vegetal
1 cebolla grande, picada
1 diente de ajo, en trozos
1 cucharadita de mostaza inglesa, en polvo
1 cucharada de melaza
2 cucharadas de azúcar moreno, ligero
1 cucharadita de tomillo seco
½ cucharadita de copos de chile seco
1 cucharada de cubito de caldo vegetal
1 pimiento rojo, sin semillas
　y cortado en dados
5 ½ tazas de calabacitas *butternut* o coreanas,
　o calabaza regular, sin semillas
　y cortadas en dados de 1 cm
sal y pimienta negra recién molida
para servir, arroz hervido

1 Ponga los frijoles a remojo en abundante agua durante la noche, escúrralos y enjuáguelos bien. Póngalos en una cazuela grande, cúbralos con agua y añada la hoja de laurel.

2 Déjelo hervir a fuego vivo durante 10 min. Baje el fuego, tape y déjelo cocer a fuego lento durante 30 min hasta que estén tiernos. Escurra y guarde el agua de la cocción. Precaliente el horno a 180 °C/350 °F.

3 Caliente el aceite en una sartén y saltee la cebolla y el ajo 5 min hasta que estén blandos, removiendo ocasionalmente. Añada el polvo de mostaza, la melaza, el azúcar, el tomillo seco y el chile. Cocine durante 1 min, removiendo. Agregue los frijoles y coloque toda la mezcla en una cazuela refractaria.

4 Añada agua suficiente al caldo de la cocción reservado previamente para alcanzar 1 ⅔ tazas. Mezcle con el cubito de caldo vegetal y póngala en la cacerola. Agregue los frijoles y hornee durante 25 min.

Información nutritiva	
Energía	283 Kcal/1.176 kj
Grasas, total	4,1 g
Grasas saturadas	0,7 g
Colesterol	0 mg

5 Añada los pimientos y las calabacitas o la calabaza y mezcle bien. Tape y hornee durante 45 min o más, hasta que las verduras estén tiernas. Sirva adornado con tomillo fresco y con arroz hervido como guarnición.

Verduras y cebada a la brasa

El cultivo de la cebada es uno de los más antiguos, con su ligero sabor a nuez y de textura un poco gomosa. Cuando se combina con tubérculos, se convierte en un plato cálido y sustancioso.

4 personas

INGREDIENTES
1 taza de cebada perlada o mondada
1 cucharada de aceite de girasol
1 cebolla grande, cortada
2 tallos de apio, en rodajas
2 zanahorias, en rodajas gruesas
225 g/8 oz de nabos suecos o regulares
225 g/8 oz de patatas, cortadas en dados de 2 cm/ ¾ in
2 tazas de caldo vegetal
sal y pimienta negra recién molida
para el adorno, hojas de apio

1 Ponga la cebada en una taza de medidas y añada agua hasta que alcance la marca de los 600 ml/1 pinta. Déjela en remojo en un sitio fresco durante 4 h, o preferiblemente durante la noche.

2 Caliente el aceite en una cacerola grande y fría las zanahorias 5 min. Añada el apio y las zanahorias y cocine 3-4 min, o hasta que la cebolla comience a dorarse.

3 Añada la cebada y el líquido de remojo. Agregue el nabo sueco o regular, las patatas y el caldo. Condimente con sal y pimienta. Caliente hasta punto de ebullición, baje el fuego y tape la olla.

4 Deje cocer durante 40 min o hasta que la mayor parte del caldo haya sido absorbido y la cebada esté tierna. Remueva ocasionalmente hacia el final de la cocción para evitar que la cebada se pegue a la base de la olla. Sirva adornándolo con hojas de apio.

Información nutritiva	
Energía	297 Kcal/1.235 kj
Grasas, total	4,2 g
Grasas saturadas	0,4 g
Colesterol	0 mg

Patatas balti con berenjenas

Esta deliciosa mezcla de especias Balti realza el sabor de este plato
bajo en calorías.

4 personas

INGREDIENTES
10-12 patatas *baby*
6 berenjenas pequeñas
1 pimiento rojo mediano
1 cucharada de aceite de maíz
2 cebollas medianas, en rodajas
4-6 hojas de curry
½ cucharadita de semillas de cebolla
1 cucharadita de semillas de cilantro, majadas
½ cucharadita de semillas de comino
1 cucharadita de raíz de jengibre fresco,
   picado fino
1 cucharadita de ajo, majado
1 cucharadita de chiles rojos, majados
1 cucharada de heno griego fresco, picado
1 cucharadita de cilantro fresco, picado
   (también para adorno)
1 cucharada de yogur natural desnatado

1 Cocine las patatas, peladas, en agua
hirviendo, hasta que estén blandas. Déjelas
aparte. Corte las berenjenas en cuartos.
Corte el pimiento rojo por la mitad,
saque las semillas y corte en tiras.

2 Caliente el aceite en un *wok*
antiadherente o una sartén. Fría las
cebollas, las hojas de curry, las semillas
de cebolla, las de cilantro y las de
comino, hasta que las cebollas estén
doradas.

3 Añada el jengibre, el ajo, los chiles y
el heno griego. A continuación, ponga
las berenjenas y las patatas. Remuévalo
todo y cubra. Baje el fuego y cocine
durante 5-7 min.

4 Quite la tapa, añada el cilantro picado
y después el yogur. Remueva bien. Sirva
con las hojas de cilantro como adorno.

Información nutritiva	
Energía	150 Kcal/624 kj
Grasas, total	3,6 g
Grasas saturadas	0,6 g
Colesterol	0,2 mg

CONSEJOS: Para evitar que cuaje, es recomendable que bata el yogur antes de añadirlo a un plato caliente.

Cacerola de manzana y lombarda

Sus brillantes colores y su sabor picante hacen de este plato una excelente opción para el invierno.

6 personas

INGREDIENTES
3 cebollas, picadas
2 bulbos de hinojo, cortados en grandes trozos
675 g/1 ½ lb de lombarda, desmenuzada
2 cucharadas de semillas de alcaravea
3 manzanas para tarta o una manzana
    grande de mesa
1 ½ tazas de yogur natural desnatado
1 cucharada de crema de rábano picante
sal y pimienta negra recién molida

Información nutritiva	
Energía	98 Kcal/407 kj
Grasas, total	1,2 g
Grasas saturadas	0,3 g
Colesterol	18 mg

1 Precaliente el horno a 150 °C/300 °F. Mezcle las cebollas, el hinojo, la lombarda y las semillas de alcaravea en una fuente. Pele y corte las manzanas y añádalas a la mezcla de lombarda.

2 Pase a una cacerola. Mezcle el yogur con la crema de rábano picante y póngalo en la cacerola.

3 Condimente con sal y pimienta y tape bien. Hornee durante 1 ½ h, removiendo varias veces. Sirva caliente.

CONSEJOS: Esta cacerola puede servirse con arroz hervido. Agréguelo al número de calorías.

Cacerola vegetal

4 personas

INGREDIENTES

1 cucharada de aceite de oliva
675 g/1 ½ lb de habas congeladas
4 nabos, en rodajas
4 puerros, en rodajas
1 pimiento rojo, sin semillas
    y en rodajas
200 g/7 oz de hojas de espinaca fresca
2 latas de 400 g/4 oz de corazones
    de alcachofa, escurridos
2 cucharadas de semillas de calabaza
salsa de soja
sal y pimienta negra recién
    molida
para servir, arroz, patatas asadas con piel,
    pan integral (opcional)

1 Precaliente el horno a 180 °C/350 °F.
Barnice la cacerola con el aceite.

2 Caliente las habas en una olla con
agua hirviendo y ligeramente salada,
durante 10 min. Escurra y ponga
los primeros cinco ingredientes en
la cacerola. Cúbrala y hornee durante
30-40 min o hasta que los nabos
se ablanden.

3 Agregue al gusto las semillas de
calabaza y la salsa de soja. Condimente
con pimienta. Sirva solo o con arroz,
patatas asadas con piel o pan.

Información nutritiva	
Energía	258 Kcal/1.074 kj
Grasas, total	9,0 g
Grasas saturadas	1,3 g
Colesterol	0 mg

Fettuccini con brécol y ajo

Tan sólo añada una ensalada y conviértalo en un delicioso y completo plato principal.

4 personas

INGREDIENTES
3-4 dientes de ajo, majados
3 tazas de árboles de brécol
⅔ de taza de caldo vegetal
4 cucharadas de vino blanco
2 cucharadas de albahaca fresca, picada
4 cucharadas de queso Parmesano rallado
3 tazas de *fettuccini* o *tagliatelle*
sal y pimienta negra recién molida
para adornar, hojas de albahaca fresca
para servir, ensalada de hierbas mixtas

1 Cocine el ajo y el brécol en el caldo durante 5 min, hasta que estén tiernos. Aplástelos un poco con un tenedor o un pasapuré. Añada el vino, la albahaca y el Parmesano. Condimente al gusto.

2 Cocine *al dente* los *fettuccini* o *tagliatelle* en una olla grande con agua salada hirviendo, de acuerdo con las instrucciones del paquete. Escurra bien.

3 Vuelva a poner la pasta en la cacerola con la mitad de la salsa de brécol, mezcle bien, y pase a los platos para servir. Cubra con el resto de la salsa de brécol, adorne con las hojas de albahaca y sirva con ensalada.

Información nutritiva	
Energía	411 Kcal/1.709 kj
Grasas, total	7,3 g
Grasas saturadas	3,5 g
Colesterol	15 mg

Risotto primavera

Un sustancioso plato vegetariano bajo en calorías.

4 personas

INGREDIENTES
2 cucharaditas de aceite de oliva
1 cebolla mediana, en rodajas
1 ½ tazas de arroz de grano corto
½ cucharadita de cúrcuma molida
2 ½ tazas de caldo vegetal
250 g/9 oz de vegetales mixtos de primavera.
   Si son pequeños, déjelos enteros
3 cucharadas de perejil fresco,
   picado
sal y pimienta negra recién molida
para servir, 2 cucharadas de queso Parmesano
   (opcional)

1 Caliente el aceite en una sartén antiadherente y fría la cebolla hasta que se dore. Agregue el arroz y cocine durante 1-2 min.

2 Añada la cúrcuma, el caldo vegetal y los condimentos. Caliente hasta punto de ebullición y añada las verduras.

3 Vuelva a hervir, cubra la olla y cocine a fuego lento durante 20 min, o hasta que el arroz esté tierno y la mayor parte del líquido haya sido absorbido, removiendo ocasionalmente. Añada más caldo si es necesario.

4 Añada el perejil y sazone al gusto. Sirva caliente con un poquito de Parmesano.

Información nutritiva	
Energía	102 Kcal/424 kj
Grasas, total	0,4 g
Grasas saturadas	0,04 g
Colesterol	0 mg

Fideos de arroz con salsa de chile vegetal

Las verduras de esta receta (pimientos rojos, zanahorias, mazorcas *baby,*
brotes de bambú y frijoles rojos), se cocinan lentamente en una salsa picante.

4 personas

INGREDIENTES
1 cucharada de aceite de girasol
1 cebolla, cortada
2 dientes de ajo, majados
1 chile rojo fresco, sin semillas
    y finamente picado
1 pimiento rojo, sin semillas
    y en dados
1 zanahoria, picada fina
1 taza de maíz dulce *baby,*
    por la mitad
225 g/8 oz de brotes de bambú en lata, en
    rodajas, enjuagados y escurridos
200 g/7 oz de alubias rojas, enjuagadas y
    escurridas
1 ¼ tazas de tomates tamizados
1 cucharada de salsa de soja
1 cucharadita de cilantro molido
175 g/6 oz de fideos de arroz
2 cucharadas de cilantro o perejil fresco
    picado
sal y pimienta negra recién molida
para adornar, ramitas de perejil fresco

1 Caliente el aceite, añada la cebolla,
el ajo, el chile y el pimiento rojo.
Cocine durante 5 min, removiendo.
Agregue la zanahoria, el maíz dulce,
los brotes de bambú, las alubias, los
tomates tamizados, la salsa de soja y
el cilantro molido.

2 Caliente hasta punto de ebullición y
tape. Reduzca el fuego y déjelo cocer
durante 30 min, hasta que las verduras
estén tiernas. Remueva de vez en cuando.
Condimente con sal y pimienta.

3 Mientras tanto, ponga los fideos en
una escudilla y cubra con agua hirviendo.
Remueva con un tenedor y deje
reposar durante 3-4 min, o según las
instrucciones del paquete. Enjuague
con agua hirviendo y escurra bien.

Información nutritiva	
Energía	274 Kcal/1.140 kj
Grasas, total	3,8 g
Grasas saturadas	0,4 g
Colesterol	0 mg

CONSEJOS: Después de manipular
chiles lávese las manos, ya que sus
aceites pueden quemarle los ojos.

4 Agregue el cilantro fresco o el perejil a la salsa. Ponga los fideos en platos para servir tibios, y cubra con la salsa. Adorne con las ramas de perejil y sirva.

Peras escalfadas en salsa de yogur y arce

Un elegante postre, un lujo bajo en calorías y más fácil de hacer de lo que parece. Escalfe las peras primero, y tenga a punto el jarabe frío para poner en los platos justo antes de comer.

6 personas

INGREDIENTES
6 peras de mesa, firmes
1 cucharada de jugo de limón
1 taza de sidra o vino blanco dulce
una corteza de limón, mondada muy fina
1 rama de canela
2 cucharadas de jarabe de arce
½ cucharadita de arrurruz
⅔ de taza de yogur griego bajo en grasas

1 Pele las peras, dejándolas enteras y con los tallos intactos. Cúbralas con jugo de limón para evitar que se doren. Use un pelador de patatas o un pequeño cuchillo para extraer el corazón de la base de cada pera.

2 Ponga las peras en una cacerola ancha de fondo grueso, y vierta el vino o la sidra junto con el agua suficiente para cubrir las peras.

3 Añada la corteza de limón y la rama de canela, y caliente hasta punto de ebullición. Baje el fuego, cubra la cacerola y deje cocer las peras a fuego lento durante 30-40 min o hasta que estén tiernas. Voltee las peras ocasionalmente de modo que se cocinen uniformemente. Saque las peras cuidadosamente, escúrralas bien.

4 Ponga el líquido a hervir hasta que quede ½ taza. Cuele y añada el jarabe de arce. Mezcle un poco del líquido con el arrurruz. Póngalo de nuevo en la cacerola y cocine, removiendo hasta que esté espeso y claro. Enfríe.

5 Corte en rodajas cada pera, sin llegar al extremo del tallo, al que quedarán adheridas todas las rodajas. Extienda cada pera en forma de abanico en su plato correspondiente.

6 Mezcle 2 cucharadas del jarabe de pera frío con el yogur y viértalo alrededor de las peras extendidas. Sirva inmediatamente.

Información nutritiva	
Energía	173 Kcal/719 kj
Grasas, total	0,31 g
Grasas saturadas	0,2 g
Colesterol	1,5 mg

Soufflé de canela y albaricoque

Sólo porque sea un soufflé no tiene por qué resultar difícil. De hecho, es muy fácil y, lo mejor de todo, muy bajo en calorías.

4 personas

INGREDIENTES

un poco de crema para untar baja en calorías, para engrasar, un poco de harina de trigo de uso general, para espolvorear
3 huevos
½ taza de pasta de albaricoque para untar
la ralladura fina de ½ limón
1 cucharadita de canela molida (decoración)

1 Precaliente el horno a 190 °C/375 °F. Engrase cuatro escudillas individuales para soufflé y espolvoréelas con la harina.

CONSEJOS: En lugar de la extensión del albaricoque se pueden utilizar frutas frescas trituradas o en cubitos, bien drenadas, pero debe asegurarse de que la mezcla no sea demasiado húmeda, ya que el soufflé no subiría correctamente.

2 Separe los huevos y ponga las yemas en una fuente con la crema de albaricoque para untar, la corteza del limón y la canela. Bata con fuerza hasta que la mezcla esté espesa y de color pálido.

3 Ponga las claras de huevo en una fuente y bátalas hasta punto de nieve.

4 Con una cuchara de metal o una espátula, una las claras batidas con la mezcla de las yemas, hasta que quede uniforme.

5 Divida la mezcla del soufflé entre
os 4 platos y póngalos a hornear durante
10-15 min, hasta que hayan subido
bastante y estén dorados. Sirva los soufflés
inmediatamente, espolvoreados con un
poco de canela molida.

Información nutritiva	
Energía	98 Kcal/407 kj
Grasas, total	4,6 g
Grasas saturadas	1,3 g
Colesterol	164,5 mg

Gâteau de fresa

Es prácticamente increíble, pero cierto, que este delicioso pastel sea bajo en calorías, así que disfrútelo. Si lo desea, puede hacerlo con otras frutas blandas.

6 personas

INGREDIENTES

2 huevos
6 cucharadas de azúcar extrafino
la corteza rallada de ½ naranja
½ taza de harina de trigo de uso general
hojas de fresa, para decorar (opcional)
azúcar glasé, para espolvorear

PARA EL RELLENO

1 ½ tazas de queso blando
   bajo en grasas
la corteza rallada de ½ naranja
2 cucharadas de azúcar extrafino
4 cucharadas de queso fresco, bajo en grasas
2 tazas de fresas, cortadas por la mitad
¼ de taza de almendras tostadas, picadas

1 Precaliente el horno a 190 °C/375 °F. Engrase un molde de 30 x 20 cm/12 x 8 in y cubra con papel de hornear.

2 En una escudilla, bata los huevos, el azúcar y la corteza de naranja hasta que la mezcla alcance la contextura de mousse.

3 Añada la harina y mezcle bien. Viértalo en el molde. Hornee 15-20 min o hasta que la masa rebote al ser presionada con suavidad. Póngala en una rejilla de metal, quite el papel y deje enfriar.

4 Mientras tanto, para hacer el relleno, mezcle el queso blando con la corteza de naranja, el azúcar y el queso fresco. Divida la mezcla en dos escudillas. Pique la mitad de las mitades de fresa y añada a una de las escudillas del relleno.

5 Corte el bizcocho a lo ancho en tres trozos iguales y péguelos de nuevo con el relleno de fresa. Extienda dos tercios con ̄el relleno simple a los lados de la tarta y adhiera las almendras tostadas.

Información nutritiva	
Energía	151 Kcal/628 kj
Grasas, total	4,5 g
Grasas saturadas	0,8 g
Colesterol	7,37 mg

6 Extienda el resto del relleno sobre
la parte superior de la tarta y decore
con el resto de las mitades de fresa,
y sus hojas, si lo desea. Espolvoree con
el azúcar glasé y sirva.

Strudel de mango y *amaretti*

Mango fresco con *amaretti* majado, envueltos en hojaldres del grosor de una crepe.
Se trata de un deleite muy especial, increíblemente delicioso, pero bajo en calorías.

4 personas

INGREDIENTES

1 mango grande y la corteza rallada de 1 limón
2 galletas de *amaretti* (de almendra)
2 cucharadas de azúcar demorara
3 cucharadas de migas de pan integral
2 hojas de hojaldre, cada una de 48 x 28 cm/
19 x 11 in, descongeladas previamente si
    vienen congeladas
½ cucharada de margarina baja en grasas,
    derretida
1 cucharada de almendras picadas
azúcar glasé, para espolvorear

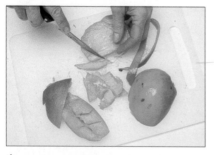

1 Precaliente el horno a 190 °C/375 °F.
Engrase ligeramente una hoja para
hornear grande. Corte el mango a cada
lado de la semilla. Pele y corte la pulpa
en dados. Póngalos en una fuente y rocíe
con la corteza rallada del limón.

2 Muela los bizcochos de *amaretti* y
mézclelos con el azúcar demorara y las
migas de pan integral.

3 Extienda una hoja de hojaldre sobre
una superficie plana y barnice con
¼ de la margarina derretida. Cubra
con la segunda hoja, barnice con ⅓ de la
margarina restante. Doble ambas hojas
sobre sí mismas para hacer un rectángulo
de 28 x 24 cm/11 x 9 ½ in. Barnice con
la margarina restante.

4 Rocíe la hoja de hojaldre con la
mezcla de *amaretti*, dejando un borde
de 5 cm/2 in a cada lado. Extienda
encima los dados de mango.

5 Enrolle la pasta de hojaldre por uno de
sus lados largos. Lleve el *strudel* a la hoja
de hornear junto a la mezcla de abajo.
Barnice con la margarina restante y rocíe
con las almendras.

Información nutritiva	
Energía	188 Kcal/781 kj
Grasas, total	3,8 g
Grasas saturadas	0,6 g
Colesterol	1,7 mg

6 Hornee durante 20-25 min o hasta que esté dorado, y pase a una tabla. Espolvoree con el azúcar glasé, corte diagonalmente en rodajas y sirva tibio.

CONSEJOS: Durante la preparación, cubra el hojaldre sin usar con un paño de cocina húmedo para evitar que se seque.

Tarta de queso y moras al horno

Esta tarta de queso baja en calorías será más sabrosa si se hace con moras silvestres. De todas formas, las moras cultivadas también le vienen muy bien.

5 personas

INGREDIENTES

¾ de taza de requesón
⅔ de taza de yogur natural bajo en grasas
1 cucharada de harina de trigo integral
2 cucharadas de azúcar moreno extrafino
1 huevo
1 clara de huevo
la corteza finamente rallada y el jugo
   de un limón
2 tazas de moras frescas o congeladas,
   descongeladas previamente

1 Precaliente el horno a 180 °C/350 °F. Engrase ligeramente y cubra un molde tipo sandwich de 18 cm/7 in con papel para revestimiento.

2 Ponga el requesón en una batidora y licue hasta que quede suave. Si no dispone de una batidora, páselo a través de un tamiz para alcanzar una textura suave.

3 Ponga el requesón en una fuente, añada el yogur natural bajo en grasas, la harina integral, el azúcar extrafino, el huevo y la clara de huevo. Mezcle bien. Añada la corteza y el jugo del limón y las moras. Reserve algunas para la decoración.

4 Vierta la mezcla de la tarta de queso en el molde preparado y hornee durante 30-35 min, o hasta que cuaje. Apague el horno y déjelo dentro durante 30 min más.

5 Pase un cuchillo alrededor de la tarta de queso para separarla del molde, y extráigala cuidadosamente. Retire el papel para revestimiento.

6 Ponga la tarta de queso sobre una fuente tibia. Decore con las moras previamente separadas y sirva tibio.

Información nutritiva	
Energía	100 Kcal/416 kj
Grasas, total	2,11 g
Grasas saturadas	0,8 g
Colesterol	46,8 mg

Crumble de manzana y plátano

Una fabulosa versión baja en calorías de un postre conocido, con su natural dulzura.

6 personas

INGREDIENTES

2 manzanas grandes de mesa, sin corazón
   y en trozos y 2 plátanos grandes, en rodajas
4 cucharadas de agua
2 cucharadas de crema para untar, baja en
   calorías
2-3 cucharadas de crema para untar, de
   manzana y pera
¼ de taza de harina integral
¾ de taza de copos de avena
1 cucharada de semillas de girasol
yogur natural desnatado (opcional al servir)

1 Precaliente el horno a 180 °C/350 °F.
Mezcle las manzanas, los plátanos y el
agua en una cacerola y cocine hasta que
estén suaves y pulposos.

2 Derrita la crema para untar baja en
grasas junto a la crema para untar de
manzana y pera en una sartén aparte.
Agregue la harina, la avena y las semillas
de girasol. Mezcle bien.

3 Pase la mezcla de manzana y plátano a
una fuente para hornear y extienda el
crumble de avena por encima. Hornee unos
20 min o hasta que la cubierta se dore. Sirva
tibio o a temperatura ambiente, solo o con
el yogur natural desnatado, si lo prefiere.

Información nutritiva	
Energía	176 Kcal/733 kj
Grasas, total	4,3 g
Grasas saturadas	0,8 g
Colesterol	0,3 mg

Helado de plátano y piña

La mitad de la crema se sustituye por yogur desnatado para obtener helado.

4 personas

INGREDIENTES
1 plátano
150 g/5 oz de piña fresca
⅔ de taza de yogur natural desnatado
⅔ de taza de nata para montar,
   ligeramente montada
una ramita de menta fresca (decoración)

1 Bata el plátano y la piña en una batidora. Vierta la mezcla en una fuente grande y añada el yogur, removiendo. Agregue la crema y mezcle bien.

CONSEJOS: Se puede utilizar piña en cubitos drenados con zumo de frutas, en lugar de piña fresca.

2 Agite la mezcla en un molde para helados o en un recipiente adecuado para congelar. Congele (2 h) hasta que se formen cristales de hielo en los bordes. Bata la mezcla hasta que esté suave. Refrigere.

3 Repita el proceso una o dos veces, entonces refrigere de nuevo hasta que esté firme. Saque del refrigerador para que se ablande ligeramente antes de servirlo, y decore con menta.

Información nutritiva	
Energía	200 Kcal/832 kj
Grasas, total	15,2 g
Grasas saturadas	9,5 g
Colesterol	0 mg

Notas

Para las recetas, las cantidades se expresan utilizando el Sistema Métrico Decimal y el Sistema Británico, aunque también pueden aparecer en tazas y cucharadas estándar. Siga uno de los sistemas, tratando de no mezclarlos, ya que no se pueden intercambiar.

Las medidas estándar de una taza y una cucharada son las siguientes:

1 cucharada = 15 ml

1 cucharadita = 5 ml

1 taza = 250 ml/8 fl oz

Utilice huevos medianos a menos que se especifique otro tamaño en la receta.

Abreviaturas empleadas:

kg = kilogramo

g = gramo

lb = libra

oz = onza

in = pulgada

l = litro

ml = mililitro

fl oz = onza (volumen)

h = hora

min = minuto

s = segundo

cm = centímetro

Copyright © Anness Publishing Limited, U.K. 2000

Copyright © Spanish translation, EDIMAT LIBROS, S. A, Spain, 2002
C/ Primavera, 35
Polígono Industrial El Malvar
28500 Arganda del Rey
MADRID-ESPAÑA

ISBN: edición tapa dura 84-9764-017-9 - edición rústica 84-9764-057-8
Depósito legal: M-52657-2003
Impreso en: COFÁS

Reservados todos los derechos. El contenido de esta obra está protegido por la Ley, que establece penas de prisión y/o multas, además de las correspondientes indemnizaciones por daños y perjuicios, para quienes reprodujeren, plagiaren, distribuyeren o comunicaren públicamente, en todo o en parte, una obra literaria, artística o científica, o su transformación, interpretación o ejecución artística fijada en cualquier tipo de soporte o comunicada a través de cualquier medio, sin la preceptiva autorización.

Traducido por: Traduccions Maremagnum MTM
Fotografía: William Adams-Lingwood,
Karl Adamson, Mickie Dowie, James Duncan,
Ian Garlick, Michelle Garrett, Amanda Heywood, Ferguson Hill,
Janine Hosegood, David Jordan, Don Last, Patrick McLeavey,
Thomas Odulate, Peter Reilly.

IMPRESO EN ESPAÑA – *PRINTED IN SPAIN*